10

N° 1

DU VOTE ÉLECTORAL.

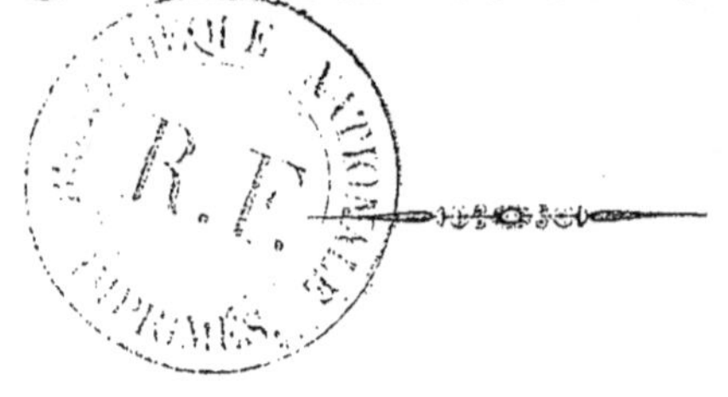

CITOYENS TRAVAILLEURS,

Ce qui est nécessaire, ce qui est indispensable pour nous tous, c'est de bien comprendre nos droits et de les exercer. Quand la République a proclamé le vote universel, elle a imposé au Peuple des devoirs sacrés; car des Représentants élus par nos votes dépend l'avenir de la République, l'avenir de la France.

Pour arriver à une situation qui contente toutes les exigences, il ne doit y avoir en France qu'un parti: *des républicains !* C'est un trop beau titre pour que personne veuille le répudier. Voyons donc ce que nous, Ouvriers, nous entendons par République.

La base fondamentale de la République est écrite en trois mots: *Liberté, Egalité, Fraternité.* De ces mots magiques découle le plus pur républicanisme, toutes les vertus républicaines. Que cette devise éminemment philosophique renferme de profondeur! que l'homme deviendra bon en suivant les maximes qu'elle contient! Elles devraient être gravées en traits de feu dans le cœur de tous comme elles le sont sur les drapeaux de la France.

Citoyens, il faudrait être aveugle pour ne pas comprendre la beauté

1848

de ce symbole et pour ne pas pratiquer les vertus dont il est l'expression. L'homme qui, dans le cours de sa vie, l'aura toujours eu présent à la pensée, qui aura assimilé ses actions aux préceptes qu'il nous enseigne, pourra dire à l'heure de sa mort : *J'ai vécu et je meurs républicain !*

Prenons un à un ces trois mots et nous verrons qu'ils répondent à tous nos besoins, à tous nos vœux.

Le mot *Liberté* nous promet ce qu'instinctivement tous les hommes désirent ; savoir, l'indépendance de sentiment, de volonté, d'action. Ainsi, autrefois, parce que nous étions des travailleurs, on comprimait notre pensée, nous n'avions pas le droit de l'exprimer si elle blessait certaines castes. Quelque modération que nous y eussions mis, il fallait faire amende honorable, il fallait en quelque sorte baiser la main qui nous frappait. Quoi de plus profondément injuste que cette prétention à la liberté pour quelques-uns, à la domination pour les autres ? Cela entraînait l'homme de cœur à s'humilier, à se mettre aux genoux de celui qu'il aurait voulu pouvoir souffleter, sinon il était repoussé, le travail lui était refusé ; il y allait pour lui ou de commettre une lâcheté ou de voir sa famille dans la misère. Victime d'un vice social, il s'éteignait graduellement dans les souffrances et les larmes.

Maintenant, il n'en sera plus ainsi. Plus de ces servitudes traditionnelles qui étaient la chaîne de l'ouvrier, qui abaissaient sa dignité d'homme au point de le faire douter si lui, travailleur, devait avoir une volonté, devait avoir de l'intelligence. Désormais il pourra écarter ces prétentions égoïstes de quelques-uns. A celui qui le repoussait du pied il pourra dire : mais, insensé, je suis autant que toi ; arrache le bandeau qui te cache la lumière et tu verras que cette liberté, qui était pour toi seul, est à nous tous aujourd'hui qu'il n'y a plus de castes, que chacun peut dépenser la somme de liberté qui est indispensable à l'homme né libre et que vos lois sociales soumettaient à un joug despotique, commettant ainsi un sacrilège selon la nature et aux yeux de Dieu, qui en naissant nous a donné à tous les mêmes droits. Regarde comme le soleil de la République est radieux, comme il réchauffe bien mieux nos cœurs ! Voilà ma main, nous sommes frères ! bannissons de nos souvenirs, toi un fol orgueil, moi un sentiment de juste colère.... Et l'homme du Peuple, dans une cordiale étreinte avec l'ex-privilégié, consacrera ces grands principes de la Liberté, de l'Egalité de la Fraternité.

Mettons-nous donc au-dessus des vieux préjugés ; soyons libres, indépendants : n'ayons de compte à rendre qu'à nos consciences. Mais de même que cette liberté est pour nous, n'oublions pas qu'elle appartient à tous ; ne nous laissons pas égarer par un sentiment de vengeance contre ceux qui nous opprimaient. Il n'y a plus d'oppression, il ne doit plus y avoir de haine. Soyons généreux, regardons-les comme des frères, ces hommes aveuglés qui nous ont si longtemps regardés comme des bêtes de somme, bonnes tout au plus à les engraisser du fruit de nos labeurs !......

Le mot Egalité nous promet, à nous aussi, travailleurs, le moyen d'atteindre, par l'intelligence, au faîte de l'échelle sociale. Plus de ces abus criants, plus de ces sinécures monstrueuses concédées à quelques-uns pour récompense d'une vile servitude, accordées presque toujours à des créatures éhontées, vendues à la corruption et aidant nos puissants maîtres à élever l'édifice qui devait les écraser en croulant. Insensés, qui voulaient construire et qui prenaient leurs moyens d'action dans la fange ! Il a suffi d'un souffle du Peuple pour les faire rentrer dans la poussière.

Que l'instruction gratuite apporte ses bienfaits chez le Peuple. C'est de ses rangs que l'on verra sortir des hommes de cœur, des hommes d'intelligence. Ils verront alors, ces patriciens orgueilleux, ce que le petit Peuple (comme ils l'appellent) fournira à la Patrie d'hommes supérieurs qui n'auront pas le jugement faussé par un fol esprit de caste à jamais mis sous les pieds.

En République, il ne peut y avoir de privilégiés que les hommes d'une grande capacité : c'est le seul privilège qui ne puisse se perdre. Nous avons besoin de ces hommes pour nous guider, nous éclairer ; mettons-les donc à notre tête, qu'ils soient sortis d'un sang plébéien, d'une classe bourgeoise ou d'un race *aristocrate*. Nous ne reconnaissons plus ces folles distinctions, nous ne voyons plus en eux que des frères, nous ne récompensons en eux que le travail, la capacité. La seule garantie qu'il nous faut, c'est qu'ils soient républicains, républicains purs, amis de l'ordre et respectant notre immortelle devise.

Voyons ce qui se passait avant la République. Comment ces places, payées par le travail du pauvre, étaient-elles réparties ? Pourquoi l'ouvrier, qui apportait une si lourde part à ce budget d'intrigants, en était-il constamment écarté ? Pourquoi ? Parce qu'il sortait du Peuple et que le Peuple, alors, n'avait aucune valeur aux yeux de nos gouvernants ; qu'il était considéré comme une machine qu'ils faisaient fonctionner pour les nourrir, pour leur acheter ces somptueux équipages où ils promenaient leur morgue dorée, insultant ainsi aux misères du Peuple.

Dans l'armée, les fils de travailleurs étaient-ils mieux partagés? Non. Ils étaient condamnés à servir la Patrie, à répandre leur sang au profit de leurs chefs pris parmi les privilégiés et qui en avaient toute la gloire. Là encore ils étaient des machines. Qu'avaient-ils pour eux, ces fils d'ouvriers? L'amour de la Patrie, noble sentiment qui leur faisait braver les plus grands dangers, les plus dures fatigues, pour qu'après chaque combat la France eût une victoire à proclamer.

A la la suite de chaque fait d'armes, de chaque succès remporté par nos braves soldats, un *bulletin* pompeux demandait des récompenses pour tel ou tel fils de famille, dont tout le mérite était de s'être trouvé à côté d'un brave qui s'était bien battu et qui lui avait fait un rempart de son corps. La croix d'honneur venait récompenser tel officier dont les soldats avaient fait dignement leur devoir; mais eux, fils de travailleurs, est-ce que le gouvernement ne les nourrissait pas, est-ce qu'il ne les payait pas pour bien se battre, pour se faire tuer au besoin? N'avaient-ils pas eu l'honneur d'être commandés par un duc, par un marquis?......

Mais, de même que l'on se montrait aussi avare de la décoration envers le brave soldat pour qui elle avait été instituée afin de récompenser son courage, on la prodiguait avec un fol aveuglement aux complaisants dont les victoires étaient des actes de corruption. Ainsi, ce signe qui rehaussait si grandement l'homme qui le portait à une autre époque, ce signe, pour quelques-uns, était le stygmate de l'infamie; ce signe avait perdu tout son prestige. Combien de fois de vieux soldats, voyant le ruban d'honneur à l'habit d'un intrigant, n'ont-ils pas, la rougeur au front, arraché de leur boutonnière cette croix, qui avait été le prix du plus pur de leur sang?

Il n'en sera plus de même maintenant; l'égalité ne sera plus un vain mot; les places, les récompenses seront données au mérite seul; un ouvrier pourra prétendre aux plus hauts emplois, aux grades les plus élevés dans l'armée. L'instruction politique se développant chez lui, il se trouvera des connaissances qu'il ne croyait pas posséder. L'ouvrier, républicain d'instinct, servira la Répubublique avec amour, avec désintéressement; il lui apportera un dévouement complet; il la défendra de sa parole et de son sang; car la République est un besoin pour lui et il ne souffrira pas qu'on attente à aucun de ses principes.

La République devra honorer et récompenser avant tout le travail; par là elle rehaussera la dignité de l'ouvrier, dignité qu'on a trop longtemps foulée aux pieds. Il y aura de l'honneur à pouvoir dire: je travaille, je suis utile à quelque chose. Il serait injuste de vouloir que le respect et l'adulation fussent constamment le partage de ceux qui ne font rien. Le travail étant honoré comme je le voudrais, chacun chercherait à se rendre utile dans la mesure de ses forces ; il y aurait une certaine dégradation morale infligée à celui à qui on pourrait jeter à la face ce mot : *Inutile !....*

Chassons de nos cœurs tout sentiment d'égoïsme; ne voyons plus avec envie un de nos concitoyens jouir d'une position plus élévée que la nôtre; ne nous faisons pas d'illusions sur notre propre mérite. Car ce serait une grave erreur que de se croire apte à remplir certaines fonctions par cela seul qu'on les désire. Une fois le travail d'atelier honoré, ce sera le plus beau titre de l'homme, et l'ouvrier sera assez sage pour ne jamais demander de places. Si on lui reconnaît quelque mérite, on fera appel à son dévouement; car il y aura abnégation à quitter son atelier pour aller s'enfermer dans un bureau.

Dans toutes les phases de la vie, descendons au fond de nos consciences pour juger les hommes et les choses. Ne demandons pas plus de liberté que nous ne voudrions qu'un autre en possède. L'Egalité pour tous ! Point de récriminations contre aucun citoyen ; nous sommes tous égaux, nous devons tous jouir des mêmes droits.

Voilà, citoyens, l'Egalité telle que je l'entends, telle que je la pratiquerai toujours.

Le mot Fraternité résume à lui seul notre triple dogme, il est la conséquence forcée de la liberté et de l'égalité. Quand les peuples en seront venus à pratiquer la Fraternité dans toute l'acception du mot, la République aura atteint son apogée. Le mot Fraternité, tout d'abnégation, n'admet pas d'égoïsme; il nous dit : *Aimez-vous les uns les autres ; que tous les hommes se donnent la main, se vouent les uns pour les autres.* Le grand principe de l'humanité repose dans ce mot. Le premier des républicains, le Christ, nous a prêché la Fraternité. Par la Fraternité, nous nous rapprochons de l'essence divine, de Dieu, qui n'a pas voulu que des créatures semblables, sorties du même limon, établissent des distinctions entre elles. Plus de maîtres, plus d'esclaves ; des frères partout ! Aidons-nous réciproquement ; nous devons tous avoir les mêmes droits. Dieu n'a pas dit à un homme en naissant : *Tu domineras, tu repousseras ton semblable.* Non ! la vie en commun, l'égalité pour tous; car tous vous êtes frères, tous vous faites partie de la grande famille humaine.

Point d'égoïsme, ai-je dit ; car l'égoïsme serait la plaie qui rendrait à jamais impraticable le triple dogme de notre République. Qui attaque un de ses principes les attaque tous; ils sont inséparables. Riches, aidez les pauvres. Est-il juste que des hommes ne puissent se suffire par leur travail et manquent du nécessaire pendant une partie de leur vie, quand vous avez du superflu? Aidez-les de ce superflu et vous comblerez toutes les misères. Il y a place pour tous sous le soleil; si les uns manquent, c'est parce que les autres ont trop; si vous ne les soulagez pas, que voulez-vous qu'ils fassent? Ils mourront de faim en s'éteignant lentement, en manquant chaque jour du nécessaire, et la maladie finira ce que la misère aura commencé. Vous aurez à vous reprocher la mort de vos semblables, que vous pouviez secourir, que vous pouviez sauver et que vous aurez ainsi abandonnés en violant les lois de la fraternité, les lois de la nature, dont le sein fécond fournit aux besoins de toutes les créatures.

Voilà, Frères, ce qui arrivera trop souvent, voilà ce qu'il faut éviter si vous voulez en même temps empêcher que l'on ne vous prenne de force ce que vous pouviez donner de bon gré, ce qu'il était de votre devoir de donner. Car il est des moments dans la vie où de la trop grande misère au crime il n'y a qu'un pas. Tel homme qui aura souffert toute sa vie, et qui se verra sans ressource; qui aura usé toute son énergie à lutter contre la misère, verra ceux qu'il aime souffrir en n'ayant de ressources qu'en lui, qui ne peut rien. Que fera-t-il? il s'adressera à vous. Si vous le repoussez, si vous ne lui donnez pas ce travail qu'il implore à deux genoux, je vous le répète, que voulez-vous qu'il fasse? Il vous verra (lui qui n'aura pas mangé depuis deux jours!) passer dans vos insolents équipages, dans vos habits d'apparat, lorsqu'il est, lui, couvert des haillons de la misère. Il verra des chevaux fringants emporter votre oisiveté dédaigneuse, lorsque lui peut à peine marcher. S'il se hasarde, la rougeur au front, à vous demander de l'ouvrage (car ce n'est pas l'aumône qu'il demande), qu'arrivera-t-il? Que vos valets, aussi insolents que leurs maîtres, le repousseront de toutes leurs forces, bien heureux encore s'il peut éviter d'être foulé aux pieds de vos chevaux.

C'est dans un de ces moments où, reniant Dieu, où, maudissant les hommes, il se tournera contre cette société qui l'aura repoussé inhumainement, et, le crime lui apportant les ressources qui lui auront manqué par le travail, il se mettra en lutte avec ces lois sociales faites au profit de quelques-uns seulement. Qui en souffrira? Vous; car c'est vous qu'il attaquera, car c'est vous qui possédez. A qui en sera la faute? A vous, qui n'aurez pas pratiqué la fraternité et qui, d'un honnête homme, aurez fait un misérable!....

Riches, secourez vos frères travailleurs, imposez-vous quelques sacrifices, donnez-leur l'ouvrage qui leur manque, et leur reconnaissance vous paiera de ce que vous aurez fait pour eux. Qn'importe un peu plus, un peu moins de richesse! cela vaut-il la reconnaissance de ceux à qui on a fait du bien?

Il n'est pas un homme qui n'ait un ou plusieurs amis; ces amis partagent vos peines, sont admis dans votre intimité, vous vous rendez réciproquement tous les services possibles. Si l'un a besoin, l'autre vient à son secours: voilà de la Fraternité. Pourquoi ce si petit nombre d'amis, Frères, quand nous pouvons tous l'être, quand nous devons tous nous aimer? Pourquoi cette coupable indifférence d'homme à homme, qui fait que deux habitants du même pays, se voyant tous les jours, ne se causent jamais, ne fraternisent pas ensemble quand ils sont frères de fait? Pourquoi vivre comme si la nature de l'un était antipathique à celle de l'autre, quand elle est votre mère à tous deux?

Pourquoi cette répulsion d'un de vos semblables? Est-ce parce qu'il est pauvre et que vous êtes riche? Donnez-lui un peu de cette richesse dont vous ne savez que faire et vous aurez pratiqué la Fraternité. Est-ce parce que l'instruction ne lui a pas donné autant de connaissances qu'à vous? Donnez-lui cette instruction qui lui manque et vous aurez pratiqué la Fraternité. Est-ce parce qu'il est couvert de haillons et que vous êtes affublé de ces habits qui vous gênent par leur raideur et par leur richesse? Soyez un peu plus simplement vêtu; d'un habit vous en aurez deux et vous pourrez en donner un à votre frère qui en manque, et toujours vous aurez pratiqué la Fraternité.

Riches, la Fraternité est praticable, elle est nécessaire, il faut qu'elle existe. Renoncez à tous ces goûts ruineux qui ne sont que des goûts de convention; soyez plus simples, restreignez ce luxe insolent qui offense vos frères manquant du nécessaire. Combattez en vous-mêmes ces passions insensées qui vous font engloutir dans une journée de quoi nourrir une année toute une famille de travailleurs. Retrempez-vous au foyer du patriotisme, revenez au berceau de la République; elle compte sur vous, elle a droit d'y compter. Faites votre devoir, et la République vous remerciera de l'avoir aidée à fonder une œuvre immense, l'œuvre de la régénération sociale.

Mais, de même que je dirai aux riches: secourez vos frères travailleurs, c'est votre devoir, de même je vous dirai à vous, frères ouvriers:

protégeons tous les citoyens; car sans l'ordre il n'y a qu'anarchie. Défiez-vous de ces moteurs de discorde qui vous exciteront au trouble, qui vous promettront des choses irréalisables, qui chercheront à vous mettre en haine contre certains citoyens; ceux-là, vous les reconnaîtrez facilement, ils n'auront à la bouche qu'injures et menaces, ils vous prêcheront le pillage et la dévastation, ils fouleront aux pieds le grand principe de la Fraternité, sans lequel il n'y a point de République possible.

N'écoutez pas leur voix, car ils cherchent à vous égarer; reportez-vous aux principes de notre grande révolution, et repoussez comme n'étant pas des vôtres tous ceux qui s'éloigneront de ce triple dogme: Liberté, Egalité, Fraternité!

Après cet exposé de principes républicains, il nous reste à chercher sur qui devront se porter nos choix, quand nous allons être appelés de nouveau à élire des réprésentants.

L'avenir de la République dépendra toujours des représentants que que nous enverrons à l'Assemblée nationale; c'est donc à nous à bien les choisir. Plus nous avancerons, plus il sera facile de trouver les hommes qui conviennent. L'instruction politique, se développant chez les masses, les éclairera, leur donnera le discernement qui manque à beaucoup aujourd'hui; car malheureusement cette instruction politique est presque nulle chez le peuple. Nos anciens gouvernants nous ont constamment laissés dans l'ignorance; ils avaient trop intérêt à ce que nous ne sachions pas pour ne pas faire tous leurs efforts afin d'empêcher cette instruction d'arriver jusqu'à nous.

Maintenant il n'en sera plus de même; chacun voudra savoir, chacun aura intérêt à savoir. La République est le gouvernement du Peuple par le Peuple; l'indifférence serait coupable.

Etudions donc, Frères, étudions ensemble; éclairons-nous les uns les autres. Nos progrès seront rapides; chacun consacrera à s'instruire tous les instants dont il pourra disposer, toute l'énergie dont il est susceptible. Celui qui saura enseignera celui qui saura moins; de cette expansion d'idées jaillira la lumière. Il faut de la persévérance pour arriver à cette instruction; ne nous laissons pas décourager. En voyant la puissance de nos institutions, quelle force ne pourrons-nous pas prévoir quand nous serons des hommes, nous qui ne sommes que des enfants en République?...

Nous allons être appelés de nouveau et avant peu à nous choisir des représentants. Etudions ceux que nous avons nommés, suivons-les pas à pas dans leurs actes politiques, ne les perdons pas de vue : c'est notre avenir qui est en jeu. Si par malheur il s'en trouvait un qui manquât à ses engagements, n'hésitons pas un instant à briser le mandat que nos votes lui ont conféré. Le mandat est chose sacrée, et nous ne saurions juger avec assez de rigueur celui qui sacrifierait l'interêt du Peuple à tout autre intérêt. Arrière les traîtres qui nous auraient fait des promesses et qui nous tromperaient! Nous sommes sous un régime de confiance; celui qui y manque est doublement criminel; nous devons l'éloigner de nos rangs à l'instant même.

Pour éviter d'avoir à infliger un châtiment mérité à celui qui aurait trompé notre foi, occupons-nous à l'avance, occupons-nous sans relâche à chercher des hommes, pour le cas où ceux qui ont obtenu nos suffrages ne nous donneraient plus les garanties nécessaires. Songez-y, Citoyens, c'est chose grave que l'élection de nos représentants, que le choix d'hommes qui nous comprennent, afin d'apporter à l'Assemblée nationale la connaissance de nos besoins, des améliorations que réclame notre sort. Songez, citoyens électeurs, que votre intérêt n'est pas seulement en jeu; mais encore celui de vos femmes, de vos enfants, dont vous êtes les représentants, de vos enfants qui, devenus hommes, vous béniront de leur avoir légué un héritage de gloire au prix de quelques sacrifices peut-être, dont ils recueilleront tous les fruits. Quel plus bel héritage pouvez-vous leur léguer qu'une République bien assise, puissante, formidable, comme la nôtre le deviendra, d'une République qui aura donné l'élan d'émancipation au monde entier?...

Choisissons donc nos représentants, sans distinction de classe, parmi les hommes d'un patriotisme éprouvé, parmi ceux qui nous auront donné des preuves du plus pur républicanisme; parmi ceux qui auront pratiqué toute leur vie les vertus républicaines : Liberté, Egalité, Fraternité. Où trouverons-nous des républicains si nous ne les cherchons pas parmi ceux qui pratiquent les vertus républicaines? Devrons-nous croire ceux qui viendront nous dire : Nous sommes Républicains, et qui n'en auront donné aucune preuve? Non! il nous faut des garanties. Si celui que nous nommerons pour nous représenter n'a jamais opprimé son semblable, n'a jamais attaqué la liberté d'un citoyen; s'il a placé au même rang le pauvre et le riche; si la main qui venait de serrer la main du patricien a franchement touché celle du plébéien; s'il a secouru dans la mesure de ses forces ceux qui souffraient; s'il a tendu la main aux opprimés, il a pratiqué la Liberté, l'Egalité, la Fraternité : donc il est républicain, donc en le nommant nous aurons fait un bon choix.

On nous a dit déjà : envoyez des travailleurs à l'Assemblée nationale. Sans doute, il faut y en envoyer, et le plus possible ; car ce sera la consécration de ce grand principe d'Egalité qui est inscrit sur notre drapeau. Dans l'intérêt de notre influence au-dehors, envoyons-en ; c'est ainsi que les peuples apprendront qu'en France, sous un gouvernement démocratique, on tient toutes les promesses et que ces trois mots : Liberté, Egalité, Fraternité, sont enfin une vérité.

Ne nous étonnons pas si les travailleurs sont en si petit nombre à l'Assemblée nationale, et s'il n'y a que les grandes cités qui en aient envoyé. Il était impossiible qu'il en fût autrement. Les populations l'ont bien compris, elles n'ont pas voulu envoyer des travailleurs avant de les connaître, elles ont voulu envoyer des hommes dont elles se croyaient sûres ; car il ne suffit pas d'être animé des meilleures intentions, il faut être capable, il faut avoir avant tout un jugement supérieur, il faut qu'il soit bien démontré à l'avance que les ouvriers que nous enverrons sont d'une intelligence éminente ; il faut qu'une certaine instruction ne leur fasse pas défaut.

Je le répète, nous avions trop peu de temps pour trouver ces hommes. Comment un travailleur aurait-il pu se fairé connaître, quand sa pensée était comprimée, quand de liberté il n'avait que le nom. Il aurait eu beau jeu à prêcher l'indépendance sous un gouvernement despotique, on l'en eût bientôt fait repentir ! De là cette habitude, dont l'homme modeste n'a pas encore secoué les chaînes, de concentrer en lui-même les connaissances qu'il amassait peu à peu, lambeau par lambeau. Laissez-lui prendre son essor ; alors il vous étonnera, vous verrez un tout autre homme. Quelquefois celui que l'on avait pris pour un ignorant parce qu'il avait peut-être moins de verbiage qu'un autre, se montrera esprit supérieur, caractère élevé. Attendons donc, et les hommes ne nous ferons pas défaut.

Si ces hommes ne se présentaient pas en assez grand nombre, cherchons-les, allons à eux. Nous avons le temps, choisissons donc bien. Allons trouver l'homme modeste et disons-lui que, s'il y a du mérite à ne pas rechercher les honneurs, il y aurait aussi de l'ingratitude à se refuser à servir la République de tout son dévouement.

Dans le choix que nous ferons, ne nous laissons pas influencer par des sentiments personnels, ne cherchons que l'intérêt général en toute circonstance ; descendons au fond de nos consciences ; éloignons toute partialité. Si notre ennemi personnel est l'homme que nous croyons digne de nous représenter et par son caractère et par ses sentiments de républicanisme, donnons-lui notre voix sans hésiter. De même que le plus cher de nos amis, s'il ne réunit pas toutes les qualités désirables pour faire un bon représentant, doit être écarté sans balancer. Que notre affection pour lui, que les sentiments fraternels qui nous unissent ne nous fassent pas dévier de notre devoir ; car tel ami qui nous inspire le plus de sympathie ferait un très mauvais représentant.

La grande majorité de la France veut une République démocratique, c'est-à-dire le gouvernement pour le Peuple et par le Peuple. Etant constitués ainsi, nous pouvons défier tous les ennemis de la démocratie. Si la réaction voulait lever la tête, noûs l'écraserions. Nous voulons être indépendants et ne pas nous redonner des maitres ; nous respecterons les lois, mais nous changerons les hommes, quand ces hommes voudront se mettre en opposition avec les principes de notre révolution, quand ils voudront s'arroger plus de droits que nous ne leur en avons concédé. Sous quelle forme qu'il se déguise, nous ne voulons plus de despotisme. De même que nous ne voulons plus de rois, nous ne voulons pas de dictateurs. Malheur à ceux qui voudraient substituer leur ambition à l'intérêt du Peuple, à l'inviolabilité des principes républicains ! Le Peuple se lèverait comme un seul homme pour repousser cette usurpation et leur apprendrait que, de même qu'il brise les couronnes, il saurait aussi briser les dictatures.

Je finirai cet exposé de principes, très incomplet, sans doute, en répétant qu'avant tout ce qu'il faut au Peuple c'est l'instruction gratuite, l'instruction dont il est privé. Ce qu'il lui faut surtout, c'est la connaissance des notions de politique, chose essentielle qui manque généralement aux travailleurs. Je désirerais qu'on instituât dans chaque localité des cours ayant pour objet de développer cette instruction politique ; chaque cours serait fait par un ou plusieurs professeurs, qui s'adjoindraient des travailleurs, les plus capables. Il ne serait traité que des questions générales et d'intérêt public ; on en écarterait rigoureusement toutes questions de personnes, questions qui, dans les réunions que nous avons eues jusqu'à présent, ont fait perdre beaucoup de temps et n'ont produit que de mauvais résultats. Le résumé de chaque leçon serait imprimé et distribué plus particulièrement à ceux qui ne feraient pas partie de la réunion, afin que tous pussent jouir des bénéfices de cet enseignement républicain.

Je crois qu'il est aussi indispensable que dans chaque ville il soit institué une bibliothèque, composée exclusivement d'ouvrages traitant de l'économie politique. Avec un petit nombre de volumes, on donnerait beaucoup d'instruction à l'ouvrier qui, le dimanche, irait s'y reposer au profit de son intelligence.

Cette instruction politique se répandrait facilement et nous ne tarderions pas à en recueillir les fruits. En attendant que cette instruction se propage, ne prenons pour guide que nos consciences ; car ce qui se fait consciencieusement est souvent bien fait. Nous serons moins sujets à l'erreur que quand nous suivrons l'opinion de tel ou tel citoyen, qui souvent n'en a pas une lui-même et qui cherche tout simplement à nous exploiter. Du reste, il vaut beaucoup mieux se tromper soi-même que de se laisser tromper par les autres.

Je finis en faisant les vœux les plus ardents pour que chaque peuple puisse à son tour briser sa chaîne comme nous avons brisé la nôtre. La République chez tous les peuples ! Plus de ces despotes qui font une dérision continuelle de nos principes démocratiques, les seuls qui devraient exister, les seuls qui répondent à l'attente de tous les opprimés, les seuls en harmonies avec les lois divines et humanitaires.

Issoudun, juin 1848.

GARNIER.

Châteauroux, Imprimerie et Lithographie de AMOUROUX-BAYVET.

www.ingramcontent.com/pod-product-compliance
Lightning Source LLC
LaVergne TN
LVHW010336230826
846091LV00009B/3889

* 9 7 8 2 0 1 1 9 0 4 7 9 9 *